AF542036

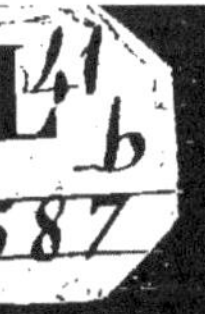

frimaire an 2.

MÉMOIRE JUSTIFICATIF

POUR JEAN MOULTSON, capitaine des vaisseaux de guerre de la République Française, natif d'Urbana, en Virginie, province des Etats-Unis de l'Amérique.

SUR faits à lui imputés par CASTAIGNIER, par dénonciation faite à la Société des Jacobins à Paris, dans la séance du 3 Frimaire, deuxième de la République Française, une et indivisible.

MÉMOIRE

JUSTIFICATIF

POUR Jean *MOULTSON, capitaine des vaisseaux de guerre de la République Française, natif d'Urbana en Virginie, province des Etats-Unis de l'Amérique, sur faits à lui imputés par* Castaignier, *par dénonciation faite à la société des jacobins à Paris, dans la séance du 3 Frimaire, deuxième de la République Française, une et indivisible.*

Républicains,

Le jour qu'un de nos frères est dans la peine, la république entière est en deuil ; il existe ce jour, et vous voyez au premier tribunal de l'Univers, au tribunal de la Raison, ce frère malheureux.

Un calomniateur est venu jeter l'amertume dans mon cœur, dans la personne de mon gendre, Moultson ; je viens en conséquence vous demander, non deux grâces, mais deux actes de justice.

Le premier est que, s'il est coupable, justice la plus sévère lui soit promptement faite ; et dans ce cas, j'ai la force d'être son juge.

Le deuxième est que si vous le reconnoissez innocent, il soit promptement rendu à son état, à ses fonctions, et que je n'aie pas la douleur de le voir éloigné du combat, le jour que les fils des autres y sont.

Je le présume dans ce dernier cas, c'est-à-dire, innocent ; et s'il m'eût trompé, il seroit doublement coupable.

J'essayerai, d'après les faits sur lesquels il m'a écrit que portoit la dénonciation, si vous voulez me permettre, j'essayerai, dis-je, sa justification.

Castaignier, m'a-t-il dit, le fait naître en Angleterre ; à l'inspection de son extrait de baptême ci-joint en forme, le fait controuvé tombe de lui-même ; d'ailleurs il n'eût jamais été mon gendre s'il fût né sur cet infernal sol, et la seule chose qui m'ait porté à l'accepter, a été le lieu de sa naissance, sa prudence et son courage, et la haîne invétérée qu'il portoit à une nation que, par un sentiment inné, j'ai toujours détestée, à cause de sa rivalité envers ma patrie, et son ambition couverte du masque de la philosophie.

Il lui fait le reproche injuste d'être parent du scélérat

Lambesc ; ce fait est faux, ame humaine n'en peut administrer la preuve, et de sa vie il n'a vu ni parlé à cet être.

Il l'a dit l'ami de l'infâme Dumourier et de Marassé ; il n'avoit jamais vu ces deux monstres qu'à Anvers ; il ne fut jamais plus ami d'eux que tous les autres officiers de la république employés sous leurs ordres, et n'eut affaire de plus avec eux qu'en raison des communications que nécessitoient les différences de grade. Il a été comme eux leur dupe, comme eux il en gémit tous les jours ; forcé par leur trahison à une retraite à laquelle il étoit bien loin de s'attendre, puisqu'il se préparoit à brûler la flotte anglaise dans l'Escaut, ou périr plutôt que de ne pas réussir. Suivons-le dans sa retraite sur Bruges avec les effets de la république ; là, abandonné de tout son monde, resté avec son chirurgien, il a la fermeté d'entrer dans Bruges ; comme officier français il se déclare commandant temporaire de cette place, et en indemnité de leur procédé contre la république, il prépare un acte de capitulation ; le peuple se saisit de sa personne ; sa vie est menacée ; il court les plus grands dangers ; plusieurs de nos bataillons passent encore par Bruges ; il veut faire payer la capitulation ; l'idée de la retraite les presse, ils le délivrent seulement, et amènent douze ôtages, dont deux, je crois, sont encore à la citadelle de Lille ; d'ailleurs rappelez-vous les éloges que firent dans le temps les papiers publics sur toutes ses opérations.

De retour à Dunkerque, il fait par deux fois l'impossible pour retourner sur Bruges, deux fois dans des conseils de guerre tenus à Furnes, des oreilles aristocrates sont sourdes à sa voix.

Il lui reproche d'avoir navigué pour Coppens ; eh bien ! oui, il a navigué pour Coppens la dernière guerre ; lancé d'Amérique en Europe, prisonnier de guerre pendant un an à bord du vaisseau anglais Amiral à la rade de Spithéad, il parvient à s'échapper ; il tombe à Dunkerque : étranger, sans argent, sans connoissances, sans autres ressources que son état et ses talens, il prend la course pour le premier armateur qui la lui présente ; *ce fut Coppens ;* il réussit, et le mal qu'il fit dès lors aux Anglais, ils l'oublieront difficilement. Comment termina-t-il avec cet armateur ? Ils furent sur le point de procéder ensemble, et depuis ce moment ne furent jamais bons amis ; d'ailleurs, pour qui navigué son calomniateur ?

Cet être qui le fait d'abord parent de Lambesc, a eu l'inconséquence de lui reprocher de n'être pas marin, de n'être qu'un garçon perruquier ; en vérité, de la manière dont il a toute sa vie rasé les Anglais, il eut dû au moins lui donner la qualité de maître.

Il a dit qu'il avoit voulu maltraiter les matelots, parce qu'ils avoient ôté l'aigle de dessus la maison commune d'Anvers, et qu'il avoit frappé plusieurs marins de son équipage. Il est faux qu'il ait jamais maltraité ni frappé, ni souffert frapper personne de ses équipages, et personne, hors Castaignier, n'eut cette coutume. S'il a cherché à la suite d'un bachanale qui avoit eu lieu, à les rassembler et les rappeler à leur poste, pour éviter les suites fâcheuses auxquelles peuvent se livrer des hommes pris de vin, chez un peuple avec lequel il étoit alors question de fraterniser, a-t-il fait son devoir ou non ?

QUE dans l'Escaut, lors de la désertion considérable de ses équipages, alléchés par l'appas du gain que leur présentoit la course naissante à Dunkerque, il leur ait reproché avec amertume leur conduite, qu'il les ait traités de mauvais sujets ; le méritoient-ils ou non ?

QU'IL est entré aux jacobins comme espion ; de qui grand Dieu ! Sa famille en France, sa fortune, son état ; de qui donc le seroit-il ? Est-ce de l'Anglais qu'il déteste et chez lequel il étoit condamné à mort si l'indépendance des Américains n'eut été prononcée ? De quelle autre puissance donc ; est-ce de l'aristocratie ? Né parmi le peuple, *parmi un peuple libre*, n'espérant rien que du peuple avec lequel il s'est impatrié ; époux d'une Française ; servant depuis le premier jour de la révolution, avec prudence et fermeté ; l'ennemi des muscadins de son état auxquels son caractère et sa franchise marine ne convient pas ; et qu'il présume être les moteurs secrets d'une trame ourdie contre lui depuis long-temps. Non, aucun être pensant n'admettra cette idée. D'ailleurs, sa conduite à Bordeaux dans le club national, dont il étoit un des instituteurs, prouve quelle cause il sert ; et les représentans *Isabeau* et *Beaudot* lui rendront la justice qu'il a mérité.

Eh ! que lui répondroit son dénonciateur, s'il l'interpeloit et qu'il lui dit :

Castaignier, toi connu par tes mœurs ; toi à qui Dumourier a marqué tant de confiance ; toi qui l'accompagnas dans sa retraite sur Tournay, etc. ; toi, dis-je, et quelques autres ; mes rivaux par état, seuls causes du mal que tu m'impute et me désire.

Que faisoit tu dans le port de Dunkerque, pendant que ton commandant t'attendoit à la rade pour marcher sur Ostende ; pourquoi n'as tu pas parti lorsqu'il t'en a fait les signaux ; pourquoi n'étoit tu pas allé en rade dès qu'il t'en a invité verbalement ; pourquoi enfin ne l'as tu pas suivi ? *Si tu étoit de bonne foi*, tu répondrois, *je délibérois*, eh bien ! oui, tu délibérois, toi et tes pareils ; tu ne savois si tu avoit bien envie *d'aller à Ostende*, et si j'eusse pensé comme toi, que je n'eusse pas parti, l'Anglais pouvoit en barrer le port, *comme il l'a fait dernièrement à Nieuport*, et l'arbre de la liberté eût pu n'y être pas planté cette fois ; eh bien ! je t'ai deviné, Castaignier, et tes pareils, *et cela ne se pardonne pas*. A travers les élémens conjurés j'ai accompli ma mission avec le brave et défunt Mûlon, qui m'a seul accompagné ; partie de ceux qui étoit resté avec toi sont venus me rejoindre deux jours après. Mais toi, sans ordres, ou avec des ordres que tu ne devoit recevoir que de moi, tu a passé tout droit sur Ramesckes ; là, quand je suis entré dans l'Escaut, as tu connu ou feint de ne pas connoître la flotte française, te rappelles-tu le propos indiscret tenu par toi dans ton bord, que foutre tu ne connoissoit pas de commandant ; que, vers ce temps, je te détachai un officier de mon bord pour t'inviter à travailler d'accord pour le bien commun ; te rappelles-tu que ta fougue me vallut une lettre qui m'apportoit, pour réponse, un cartel ? Et dans quel moment, dans celui où le sort des armes de notre patrie étoit entre nos mains, où ton sang et le mien lui appartenoient; te rappelles-tu avec quelle facilité j'ai oublié cette étourderie; te rappelles-tu les conseils que je t'ai donnés d'amitié, sur ta manière d'exister; te rappelles-tu que j'ai porté ta destitution en poche, que réfléchissant que tu étoit père de famille, l'humanité a balancé tes torts; te rappelles-tu après ton retour de Villiemstadt que si tu fusse allé de suite à bord de la canonnière, il eût pu se faire que les Hollandais ne l'eussent pas enlevée, et que partie de nos frères de ton bord n'eussent pas été ou masacrés ou faits prisonniers? Non, Castaignier, tu ne te rappelle pas tout cela, le vin et les belles d'Anvers t'ont tout fait oublier.

Si d'ailleurs je fus coupable, peux-tu être innocent d'avoir attendu à me dénoncer que la fortune parut te rire; et si ta conscience étoit d'accord avec ta bouche, n'as tu pas dû craindre que ton retard ne compromît les intérêts de la patrie?

Je me résume; plus moral que toi, plus guerrier que toi, car j'en porte les marques, et que je n'ai jamais été pris par un navire montant, en majeure partie, des canons de bois; nous avons une patrie qui nous appelle, c'est en la servant mieux que toi, que je veux te confondre, c'est en me sacrifiant pour elle que je veux me venger de tous tes mauvais procédés.

Républicains, ce que je vous dit n'est qu'une esquisse des interpellations que pourroit faire Moultson à son dénonciateur; mais des querelles particulières, des rivalités d'état ne vous arrêteront pas; à l'inspection des pièces et correspondance vous pénétrerez la vérité, vous reconnoîtrez quel génie anima Castaignier, et vous rendrez justice.

C'est dans cet état de choses, citoyens, que je me présente pour être le défenseur de Moultson dans cette affaire ; mais nouveau en pareil cas, je vous invite de m'adjoindre de votre sein, deux défenseurs officieux, afin sur-tout, qu'avec eux je puisse obtenir la levée des scellés mis sur ses papiers au comité de sûreté générale, et pénétrer dans les bureaux, notamment ceux de la marine, y prendre connoissance des diverses correspondances tenues antérieurement, mais surtout depuis l'époque de l'armement sur Ostende et Anvers, pour du tout être fait suite de mémoire, et le résultat vous être soumis, et par suite être fait justice à qui, et ainsi qu'il appartiendra.

Paris, ce 25 Frimaire, l'an deuxième de la république française, une et indivisible.

Signé, *LEQUESNE.*

TRADUCTION

DE L'ANGLAIS EN FRANÇAIS.

Extrait d'un certificat tiré hors des registres de baptême de l'église de la paroisse de Christ, dans le comté de Middlesex en Virginie, en l'Amérique Septentrionale, exhibé par la citoyenne Lequesne, épouse du citoyen Jean Moultson, capitaine de vaisseau au service de la marine de la République Française.

Jean, fils de Charles et Ruth Moultson, né le ving-un mars mil sept cent cinquante-deux, et baptisé le deux avril suivant.

Ceci est pour certifier que l'extrait ci-dessus est tiré du registre de l'église paroissiale de Christ de Middlesex en Virginie, témoin mon seing. Ce trois septembre mil sept cent quatre-vingt-trois.

Signés, *SAMUEL KLUG, R. C. C. P. M. C.*

Je soussigné interprète juré, ayant commission des représentans du peuple T. Berher et Hentz, duement signé et scellé, certifie avoir traduit de l'anglais en français l'extrait de baptême ci-dessus transcrit conformément à son original, ce fait rendu ; j'atteste de plus, d'après la traduction que j'ai faite de plusieurs extraits de baptême, qu'il est d'un usage constant en l'Amérique septentrionale, qu'après le mariage, le nom de famille de la mère ne se met point dans les actes de baptême. Fait à Dunkerque, ce deux Frimaire, l'an deux de la république française une et indivisible.

Signé, *L. OLLEVIER.*

Nous, Louis Delbaere, officier municipal de la ville de Dunkerque, district de Bergues, département du Nord, certifions que le citoyen L. Ollevier, qui a signé ci-dessus, est interprète juré de l'anglais en cette ville.

En foi de quoi nous avons signé ces présentes, sous le scel de la municipalité.

A Dunkerque, le deux Frimaire, l'an deux de la république française une et indivisible.

Signé, DELBAERE, *officier municipal; président.*

Vu à l'administration du district de Bergues, en séance publique, ce quatrième jour de Frimaire, deuxième année de la république Française une et indivisible.

Signé, COULIER, *procureur-syndic ;* MOUTTON ; WARRIN ; FAUCONNIER ; GERDIER ; VANDEN-HEEDE ; TETEDEVIGNE.

De l'imprimerie de VALADE, fils aîné, rue J.-J. ROUSSEAU, nº. 12. (*Frim.* 2.)

www.ingramcontent.com/pod-product-compliance
Lightning Source LLC
LaVergne TN
LVHW020510230826
846091LV00008BA/3441

* 9 7 8 2 0 1 1 9 0 5 7 2 7 *